€10,–

rausgeblickt: Pandemie und Klima

rausgeblickt:
Maja Göpel

*

Pandemie und Klima
Ein Gespräch über eine nachhaltige Welt

Herausgegeben von
Thomas Hartmann, Jochen Dahm und
Christian Krell

DIETZ

Bibliografische Information der Deutschen Nationalbibliothek
Die Deutsche Nationalbibliothek verzeichnet
diese Publikation in der Deutschen Nationalbibliografie;
detaillierte bibliografische Daten sind im Internet
über http://dnb.dnb.de abrufbar.

ISBN 978-3-8012-0602-4

Verlag J.H.W. Dietz Nachf. GmbH
Dreizehnmorgenweg 24, 53175 Bonn

Umschlag: Petra Bähner, Köln
Satz: Rohtext, Bonn
Druck und Verarbeitung: Eberl & Koesel, Krugzell

Printed in Germany 2021

Besuchen Sie uns im Internet: www.dietz-verlag.de

* rausgeblickt *

Thomas Hartmann und Jochen Dahm

Wir sind verwundbarer, als wir geglaubt hatten. Die Corona-Pandemie hat das schonungslos offen gelegt. Sie wirkt wie ein Treiber für die strukturellen Probleme der Gegenwart, für die Ungerechtigkeiten und Widersprüche in unserer Art zu leben und zu wirtschaften.

Neben der Bedrohung durch Krankheit und Tod, hat sich auch der Alltag der Menschen grundlegend verändert. Manche profitieren von neuer Flexibilität im Homeoffice. Viele aber haben die Schutzmaßnahmen an wirtschaftliche und psychologische Belastungsgrenzen gebracht. Freiheiten, die bislang selbstverständlich waren, wurden eingeschränkt – im Alltag und an Grenzen.

Falschmeldungen und Verschwörungsmythen verbreiten sich rasant. In der Krise gab es Hamsterkäufe, aber auch neue Formen gelebter Solidarität durch gesellschaftliches Engagement und Nachbarschaftshilfe. Das Vertrauen in den Staat und das Bewusstsein für die Notwendigkeit öffentlicher Regulierung wurde gestärkt. Jede Krise kann daher auch eine Chance sein. Sie schärft den Blick für das, was wesentlich ist. Sie kann den Anstoß geben, nicht nur im Krisenmodus aktuelle, sondern auch strukturelle Probleme nachhaltig anzugehen: etwa im Bildungssystem, auf dem Arbeitsmarkt, im Gefüge der demokratischen Institutionen, in der Klimapolitik oder im internationalen Handelssystem; zwischen den Geschlechtern, Arm und Reich, Jung und Alt.

In der Reihe »rausgeblickt« sprechen wir mit herausragenden Gästen aus Wissenschaft, Politik und Zivilgesellschaft darüber, wie sich unsere Demokratie, die Gesellschaft und die Wirtschaft künftig gerechter und solidarischer gestalten lassen. Die Krise ist der Ausgangspunkt, um alte und neue Missstände zu diskutieren, die Widersprüche des modernen Kapitalismus und unsere eigene Haltung zu hinterfragen – dabei aber den Blick stets nach vorne gerichtet.

Mit dem Starökonomen **Thomas Piketty** sprechen wir in dieser Reihe über die Auswirkungen der Pandemie auf die wachsende Ungleichheit und die Überwindung der Ideologie des Kapitals. Die Journalistin **Teresa Bücker** sieht Frauen von der Krise ungleich härter getroffen. Sie entwirft hier ihre Vision einer feministischen Zukunft. Nach dem Kultursoziologen **Andreas Reckwitz** könnte die aktuelle Entwicklung sogar zu einer Neuerfindung von Staat und Gesellschaft führen. Er er plädiert für einen einbettenden Liberalismus. Die Politikwissenschaftlerin **Gesine Schwan** denkt in unserem Gespräch über den Zusammenhalt und die Renaissance des Solidaritätsbegriffs in der Krise nach. Sie nimmt insbesondere progressive Akteure in die Pflicht, Brücken zwischen den unterschiedlichen gesellschaftlichen Gruppen zu bauen.

Auch der Soziologe **Heinz Bude** sieht neues Potenzial für eine solidarische Gesellschaft und betont zugleich die wachsende Bedeutung des schützenden Staates. Für die politische Philosophin **Lisa Herzog** bleibt die Arbeit ein zentraler Bestandteil der Gesellschaft, ein Ort, an dem sich Menschen begegnen. Sie macht konkrete Vorschläge für eine demokratischere Arbeitswelt. Und der Wirtschaftsnobelpreisträger **Joseph Stiglitz** denkt in der Reihe über die Leitplanken einer gerechteren Weltwirtschaft nach. Er macht klar, dass nur mehr und nicht weniger globale Kooperation die Wirtschaft in jedem Land wiederbeleben kann.

In diesem Band spricht **Alexander Behrens** mit der Transformationsforscherin **Maja Göpel** über die Grundlagen einer nachhaltigen Welt. Bringt die Pandemie einen weiteren Rückschlag auch im Klimaschutz? Oder ist Klimaschutz langfristig vielleicht die effektivste Form von Pandemie-Vorsorge? Das sind nur ein paar der Fragen, mit denen wir uns im Folgenden beschäftigen wollen.

*

Hallo, meine Damen und Herren. Ich darf Sie begrüßen zu einer neuen Folge von »rausgeblickt«, der Gesprächsreihe der Friedrich-Ebert-Stiftung zur aktuellen Corona-Pandemie und ihren gesellschaftlichen Folgen. Mein Name ist Alexander Behrens und unser heutiges Thema ist Klimawandel und Corona. Wir treffen eine der wohl interessantesten und derzeit gefragtesten Wissenschaftlerinnen Deutschlands: die Transformationsforscherin und wissenschaftliche Direktorin der 2020 neu gegründeten Denkfabrik *The New Institute*, Maja Göpel.

Die Art und Weise wie Menschen im 21. Jahrhundert leben und wirtschaften, basiert auf der Vorstellung von Wachstum: immer mehr Wohlstand, Mobilität, Geld, Wohnraum, Energie und Menschen. Diese ökonomische Vorstellung von immerwährendem Wachstum ist noch gar nicht so alt, etwas mehr als 200 Jahre vielleicht. Das ist nichts, ein Atemzug in der Geschichte der Menschheit. Und in dieser Zeit haben wir es geschafft, den Planeten in einer Weise zu verändern, dass seine natürlichen Systeme kurz vor dem Kollaps stehen. Das jedenfalls ist mehrheitlich die Ansicht einschlägiger Experten weltweit und unseres heutigen Gesprächsgastes.

Frau Göpel, vornweg eine persönliche Frage: Wie haben Sie die Corona Krise eigentlich wahrgenommen? Sie haben Familie, schulpflichtige Kinder, viele Verpflichtungen, Reisen gehört zu Ihrem täglich Brot. Wie haben Sie sich organisiert in den vergangenen sechs Monaten?

*** GÖPEL ***

Während des ersten Lockdowns hat unsere Schulleiterin gesagt: »Na, Sie haben ja auch das volle Programm am Start«, weil wir ein Kita- und ein Grundschulkind haben. Die digitale Beschulung war relativ gering. Ich habe viele dieser Tage erlebt, wo das Gold vom Einhorn ganz wichtig war und daneben das Einmaleins, und beide Kinder fanden, dass das, was sie tun, eigentlich wichtiger ist als das, was wir Eltern in Vollzeit zu Hause arbeiten. Wenn dann das Telefon klingelte, weil die Außenwelt sich eben nicht darum scherte, dass ich Kinderdienst habe – das war, ehrlich gesagt, sehr anstrengend. Ich habe es natürlich auch genossen, viel mehr Zeit mit meinen Kindern zu verbringen. Aber artgerechte Haltung war und ist das nicht.

*** Behrens ***

Was macht eine Transformationsforscherin eigentlich genau?

*** GÖPEL ***

Transformationsforschung ist ein Feld, das mir eine Heimat geboten hat. Ich habe als junge Person Antworten gesucht, bin in einem grünen Haushalt groß geworden ist: Antiatomkraftdemonstrationen, Antikriegsdemonstrationen, Erster Golfkrieg, Tschernobyl. Ich habe mir die Frage gestellt, wie sich Welt und Gesellschaft verändern. Und warum verändern wir die Gesellschaft nicht so, wie fast alle Menschen, mit denen ich zu tun hatte, es gut fänden? Also keine Kriege, keine Armut, eine intakte Umwelt. Transformationsforschung ist deshalb so spannend, weil sie versucht, die Aktivitäten von Menschen in der Gesellschaft immer kontextuell zu betrachten, also das jeweilige System oder institutionelle und kulturelle Gefüge beschreibt, innerhalb dessen wir Entscheidungen treffen. Für dieses Verständnis brauche ich unterschiedliche Disziplinen. Und erst aus einer konkreten Problemstellung heraus fange ich an, nach Antworten zu suchen. Persistente Probleme nennt man das, also solche, wo alle sagen: »Die möchten wir zwar abschaffen, kommen aber irgendwie nicht aus den Trends raus, die diese Probleme am Laufen halten. Und dann sind alle Disziplinen eingeladen, gemeinsam ein Verständnis der unterschiedlichen Problemtreiber, ihre Pfadabhängigkeiten zu identifizieren. Welche Veränderungen brauchen wir, um aus diesen Pfaden auszubrechen und die negativen Trends zu brechen.

*** Behrens ***

Einer dieser Wege sind die *Scientists for Future*, die Sie mitinitiiert haben. Ich kann mir gut vorstellen, dass dazu Mut gehört hat. Wissenschaftlerinnen und Wissenschaftler gehen eher ungern in die »Bütt«, wie man im Rheinland sagt. Mussten Sie viel Überzeugungsarbeit leisten?

*** GÖPEL ***

Ich würde das im Prinzip bejahen, aber das Interessante war damals der Zeitpunkt – da mussten wir nämlich gar nicht viel Überzeugungsarbeit leisten. Es gab eine ganz schnelle Verbreitung, weil klar war, dass wir beim Thema Klimawandel nicht genug tun, um die selbst gesteckten Ziele zu erreichen. Da ist ja wichtig zu unterscheiden, dass nicht die Wissenschaft die Ziele vorgibt in einer Gesellschaft, sondern die Bundesregierung hat einen Klimavertrag unterschrieben, in dem steht, wir möchten das 1,5-Grad-Ziel erreichen. Beiräte, wie der, wo ich jetzt tätig bin, haben den Auftrag, aus wissenschaftlicher Perspektive zu zeigen, wie Politik dazu beitragen kann, dass diese Ziele erreicht werden. Das ist also ein klares Mandat, aber die Zielsetzung wird von der Gesellschaft bestimmt. Deshalb war damals nicht viel Überzeugungsarbeit notwendig. Weil wir bemerkten, dass Schritt für Schritt öffentlich infrage gestellt wurde, ob die *Fridays for Future*-Bewegung mit der Dringlichkeitskommunikation, die sie nach vorne gebracht haben, richtig liegt. Die *Fridays for Future*-Aktivisten haben sich ja auf unsere Studien berufen und gesagt: Wenn wir so klar sehen, dass die Maßnahmen nicht zu den Zielen passen, ist das grob fahrlässig. Als das durch einen politischen Diskurs in Zweifel gezogen wurde, war es wirklich nicht schwer, Wissenschaftlerinnen und Wissenschaftler zu mobilisieren, um mit ihrem Namen dafür zu garantieren, dass diese Bewegung sich auf valide Daten beruft. Das war genau unser Apell: Die Grundlagen, auf den diese Forderungen der jungen Generation sich beziehen, stimmen, dafür können wir wissenschaftlich einstehen. Dass 26.800 Menschen aus dem wissenschaftlichen Bereich innerhalb von vier Wochen unterschreiben würden, damit hatte allerdings niemand gerechnet. Zumal es ja nur deutschsprachige Personen waren. Für mich war das ein Zeichen, dass alle das Gefühl hatten: Nein, mit diesem Wissen tun wir nicht genug. Und wenn dann noch jemand sagt: »Das stimmt nicht...« – Schluss! Da war für das Verantwortungsgefühl einfach eine Grenze erreicht.

*** Behrens ***

Ihr aktuelles Buch »Die Welt neu denken« beginnt mit einer Erzählung aus der Londoner U-Bahn. Ein paar junge Leute rollen ein Transparent aus und legen damit den morgendlichen Berufsverkehr lahm – Aktivisten der Bewegung

Extinction Rebellion, was so viel heißt wie »Aufstand gegen das Aussterben«. Sie haben die Stimmung zusammengefasst in dem Satz: »Die einen wollen die Welt retten, die anderen in das Büro.« Am Ende werden die jungen Leute von aufgebrachten Pendlern verprügelt. Wie ich Sie verstehe, ist das Ansinnen richtig und die Menschen müssen aufwachen.

Halten Sie solchen Aktionismus also für angebracht?

*** GÖPEL ***

Da kann ich nicht als Wissenschaftlerin antworten. Das ist eine Frage der Legitimität. Wenn ich ethisch-philosophisch versuche, mich da ran zu robben, setze ich die Maßnahme ins Verhältnis zu dem, was auf dem Spiel steht. Im Grunde sorgen sich die einen um das Ende der Welt und die anderen um das Ende des Monats. Da geht es auch darum, wie gut oder schlecht Menschen im Sozialsystem abgefedert sind. Wie viele haben Schulden, an denen ihre Häuser hängen, und deshalb haben sie Angst, wenn sie nicht arbeiten können oder sogar ihren Job verlieren, da dann ihre Existenz auf dem Spiel steht. Diese unterschiedliche Orientierung ist ja per se erst mal auf beiden Seiten verständlich. Gleichzeitig existiert auf der Seite von *Extinction Rebellion* das Gefühl, dass wir diese Normalitätsstrukturen, in dic wir alle eingebaut sind und die uns kontinuierlich in eine Gefahrenzone katapultieren, die uns selber schwer trifft, viel zu wenig infrage stellen. Das ist die positive Orientierung bei *Extinction Rebellion*. Der Gründer hat ja ein paar abgründige Dinge gesagt, aber ursprünglich hieß die Idee: »Wir feiern das Leben und stellen uns gegen den fahrlässigen Umgang damit.« Es ging immer friedlich zu. Es gab klare Anweisungen, es ging nie um Feindseligkeiten gegenüber Menschen, die andres denken oder ihren eigenen Probleme nachhängen, es ging darum, freundlich und immer im Dialog zu bleiben und zu sagen, wir müssen diese »Normalität« in irgendeiner Form durchbrechen, weil wir mit den normalen politischen Prozessen nicht weiterkommen. Ob das legitim ist oder nicht, will ich nicht allgemein beurteilen. Ich finde es nur wichtig, diese Intention in den Vordergrund zu rücken, bevor ich über eine solche Form der Aktivität urteile.

*** Behrens ***

Sie haben einmal gesagt, dass die Wachstumsideologie, also die Idee, dass die Lösung aller Probleme darin liege, immer mehr zu schaffen, damit alle gut versorgt werden und etwas vom Kuchen abbekommen, die »größte Lüge der Nachhaltigkeitsdebatte« sei. Denn nie sei gefragt worden, wie Menschen sich gut versorgt fühlen. Können Sie den Kern dieser Argumentation etwas ausführen?

*** GÖPEL ***

Die größte Lüge ist der Verweis auf die »Versorgungssicherheit«. Wir neigen immer dazu, das, was gerade zufällig der Status quo unsers Konsums ist, als absolut notwendig darzustellen. Wenn wir fragen, ob wir in den reichen Nationen, wo die Bevölkerung stabil bleibt, wirklich noch so viel Wachstum brauchen, heißt es sofort: »Wollen sie, dass wir so leben, wie vor 20 Jahren?« Da wäre es ja mal wichtig zu verstehen, wie Wachstum eigentlich gemessen wird? Wenn ich Nullwachstum messe, läuft alles auf dem gleichen Stand weiter. Das heißt es würde niemand weniger haben, sondern einfach nur das gleiche.

Hochinteressant ist die Frage, warum das für uns nicht vorstellbar ist und warum diese Idee von »Es ist genug« ausgeklammert ist. Natürlich hat die Psychologie die Erklärung parat, dass wir Menschen *verlustavers* sind: Wenn ich mich einmal an etwas gewöhnt habe, lasse ich es ungern wieder los. Und wenn doch, dann muss das schon eine bewusste Entscheidung sein.

Da ändert sich gerade auch manches, es gibt *Simplify your Life* oder diese Wegwerfratgeber oder den Umstand, dass viele Leute nach Corona keine Lust mehr haben, zu einer 40-Stunden-Woche zurückzukehren.

* Behrens *

Das habe ich auch gelesen.

* GÖPEL *

Ja. Die Frage »Wie viel brauche ich eigentlich?« ist durch Corona und ganz ohne Nachhaltigkeitsappelle aufgeschüttelt worden, einfach durch die Unterbrechung unserer gewohnten Konsumwege und Routinen.

» In der Krise fand ich es auch ermutigend zu sehen, wie deutlich wir alle gemerkt haben, was eigentlich unsere Grundbedürfnisse sind: gute und verlässliche Nahrung, verlässlicher Wohnraum in ausreichender Größe, eine gewisse Form von Mobilität, Kommunikationsmöglichkeiten, Hygiene.

Dass wir alle die Chance hatten, darüber nachzudenken, was wirklich wichtig ist, was ich wirklich haben will, ist sehr wichtig. Hochspannend ist auch, wer das wissenschaftlich zu deuten versucht. Denken Sie an die britische Wirtschaftswissenschaftlerin Kate Raworth mit ihrer »Donut-Ökonomie«. Der Donut ist ein Symbol, das die soziale mit der ökologischen Nachhaltigkeit verbindet.

Ich erinnere mich 2012 an die Vorbereitungen zum Rio-Gipfel über nachhaltige Entwicklung. Da ging es genau um die Frage, machen wir jetzt eine Green Economy? Gibt es globale Nachhaltigkeitsziele? Damals, im Vorfeld der Verhandlung wurden Stimmen aus dem globalen Süden laut, also aus Ländern, in denen wirklich noch materielle Armut herrscht: »Jetzt kommen die aus dem reichen Norden, die alles für sich in Anspruch genommen und die Welt verpestet haben mit der Nutzung von Kohle, Öl, etc. und wollen uns sagen, tja, das geht nicht mehr. Die nehmen uns den Wachstumsraum, der nötig ist, um uns alle wenigstens materiell grundzuversorgen.« Es war sehr wichtig, dass die Rio-Konferenz beides zusammengebracht hat und klargestellt wurde, dass es, global betrachtet, einfach *planetary boundaries*, also planetare Grenzen gibt, die eine ganze Gruppe von Wissenschaftlerinnen um den schwedischen Resilienzforscher Johan Rockström in einem Bericht von 2009 deutlich gemacht hat. In diesem Bericht ist versucht worden, in neun Dimensionen von Ökosystemdienstleistungen zu definieren, wo wir nicht über eine bestimmte Nutzungsrate hinausschießen sollten, damit die Ökosysteme die Möglichkeit haben, sich so zu regenerieren, dass die von uns gewohnte Versorgungsleistung ungefähr stabil bleibt. Die Biodiversität ist noch schlimmer dran als das Klima.

Im Moment melden sich zu Recht die Artenschutzleute und sagen »Hallo, bitte nicht nur aufs Klima gucken. Gerade jetzt wäre es doch wirklich dumm, wenn unsere Nahrungsketten unterbrochen werden, weil zu viele Spezies wegsterben.«

So, und jetzt geht es darum zu verhandeln: Wie verteilen wir ein begrenztes Budget der Ressourcennutzung pro Jahr auf die Menschheit. Noch dazu eine wachsende Menschheit. Wirtschaften bedeutet ja, dass ich in einer Beziehung zur Natur, zu natürlichen Ressourcen und anderen Menschen stehe, um Bedürfnisse zu befriedigen. Das ist die soziale Grenze des Donut bei Kate Raworth, eine Mindestversorgung die allen zustehen sollte. Sie nennt Dimensionen wie Wohnen, Nahrung, Mobilität, Mitbestimmung, Bildung, Wasserversorgung, damit Menschen ein Leben in Würde führen können. Dafür werden natürliche Ressourcen nun mal benötigt. Werden dann ökologische Obergrenze und soziale Untergrenze in ein Bild gezeichnet, entsteht ein Korridor oder eben Donut. Die Frage der nächsten zehn Jahre ist, wie wir es schaffen, die Bedürfnisse aller Menschen zu befriedigen, ohne über die planetaren Grenzen hinauszuschießen. Plötzlich ist ein Transformationsauftrag entstanden für alle Länder. Das war neu. In den Millenniumszielen ging es zum

Beispiel immer nur darum, zu sagen: Okay, die reichen Länder geben Geld und Technologie in die ärmeren Länder, damit sie sich schneller entwickeln können.

*** Behrens ***

Also wieder Wachstum.

*** GÖPEL ***

Ja und vor allem in der Nachahmung unseres Modells. Aber jetzt geht es darum, materielle Versorgung anders hinzubekommen und die Kollateralschäden in der Art, wie wir Wohlstand geschaffen haben, zu vermeiden. Dafür braucht es direkt die neueste Technologie, aber eben auch die Frage, wie viel materiellen Konsumismus ein gutes Leben denn wirklich braucht. Denn pro Kopf gerechnet zeigt sich natürlich auch ein deutlicher Auftrag für die vermeintlich »entwickelten Länder« – der der Reduktion von Umweltverbrauch. Deutschland verfügt zum Beispiel über 1 Prozent der Weltbevölkerung, steht aber für 2 Prozent des CO_2-

Ausstoßes. Der Auftrag heißt also: Ihr müsst auf der ökologischen Seite abspecken, damit andere Länder auf dieser Welt für die Versorgung ihrer Bevölkerung ausreichend ökologische Ressourcen zur Verfügung haben.

In der Krise fand ich es auch ermutigend zu sehen, wie deutlich wir alle gemerkt haben, was eigentlich unsere Grundbedürfnisse sind: gute und verlässliche Nahrung, verlässlicher Wohnraum in ausreichender Größe, eine gewisse Form von Mobilität, Kommunikations- und Informationsmöglichkeiten, Hygiene. Also eher alltägliche Dinge, damit ich mich als biologisches und soziales Wesen wohlfühle. Alles, was darüber hinausgeht, wird weniger wichtig. Und wir blicken auch wieder mehr darauf, wofür wir Geld ausgeben. In welcher Qualität und Frequenz muss ich eigentlich Sachen kaufen? Wir haben ja gerade erst wieder angefangen, darüber nachzudenken.

*** Behrens ***

Das ist eine von vielen Parallelen, die Corona

aufzeigt. Eine andere ist der Artenschutz. Dass die Nahrungsketten unterbrochen werden, ist eine wichtige Sache. Aber die Zerstörung von Lebensräumen bei Wildtieren spielt in der aktuellen Pandemie und möglicherweise in den noch zu erwartenden Pandemien eine große Rolle, denn unbekannte Erreger kommen dem Menschen immer näher, weil Wildtiere keine Ausweichmöglichkeiten mehr haben. Ist Klimapolitik zugleich auch Pandemieschutz?

*** GÖPEL ***

Ja, Gesundheitspolitik. Es gibt viele Studien, die das belegen. Es geht dabei auch um die Frage, wie viele Todesfälle mit der Nutzung fossiler Energien zusammenhängen, durch Luftverschmutzung, durch Chemikalien, die in die Umwelt gelangen. CO_2 speichernde Regenwälder sind Biodiversitätshotspots und Habitate, also die Räume, wo Wildtiere existieren können. Wenn die zu stark abgeholzt werden, reduziert sich für die in den Tieren lebenden Viren die Anzahl der möglichen Wirte. Wenn die Menschen dann auch noch ganz nahe an sie herankommen, springen die Viren eben schneller auf uns über. Gesundheit muss planetar gedacht werden, und genau daran wird geforscht.

Wir sind biologische Wesen, das ist ja das Erdende in unserer ganzen Faszination für den digitalen Raum. Die Luft, die wir atmen, das Wasser, das wir trinken, all die Nahrungsmittel, die wir aufnehmen und wieder ausscheiden, gehören in einen Kreislauf, in dem auch wir sind. Wir sind Umwelt, in vielen Bereichen. Das müssen wir wieder stärker in den Vordergrund stellen. Wir sind nicht getrennt davon.

*** Behrens ***

Wenn ich das richtig sehe, dreht sich das, worüber wir gesprochen haben, um ein Kernthema, das eine Stellschraube zu sein scheint, nämlich Konsum. Konsum hat viele Dimensionen, eine individuelle Dimension, an die oft appelliert wird, aber auch eine staatliche.

Es gibt diesen Satz: »Wir leben nicht über unsere Verhältnisse, wir leben über die Verhältnisse anderer.« Global gesehen ist diese Konsumfrage doch ungeheuer komplex und kompliziert und für die einzelnen Menschen kaum zu verstehen.

*** GÖPEL ***

Sie haben da eben den Münchner Soziologen Stephan Lessenich zitiert.

*** Behrens ***

Ja.

*** GÖPEL ***

Wissenschaftlich betrachtet, geht es um die Untersuchung von Materialflüssen. Wie können wir herausbekommen, wo auf der Welt welche Ressourcen für welche Konsumgüter in Anspruch genommen werden – gekoppelt mit Analysen darüber, wann die planetaren Grenzen erreicht sind? Beispielsweise gibt es gerade den dringenden Appell, keine weiteren Wälder mehr zu roden. Wir reden immer von Aufforstung, aber aus ökologischer Perspektive ist ein sofortiger Stopp der Entwaldung viel wichtiger. Wenn man rodet und den Boden umpflügt für Ackerland, wird natürlich ganz viel CO_2 freigesetzt. Das kann nur in wenigen Fällen durch Neuanpflanzung von kleinen Bäumen wieder eingefangen werden. Oder auch Brandrodungen.

» Man kann Umweltpolitik – und das ist das Plädoyer – immer so gestalten, dass man versucht, das Soziale und das Ökologische miteinander zu verheiraten.

Die sind natürlich dreimal katastrophal: für die Biodiversität, den Klimawandel und den Artenschutz, auch von großen Tieren. Der Versuch der Wissenschaft ist es zu schauen, was wir vom Planeten in Anspruch nehmen und wie wir es in Anspruch nehmen.

Ein wichtiger Tag, war im Jahr 2020 der 22. August. Der *Earth Overshoot Day*. Das ist ein

Indikator, der vom *Global Footprint Network* entwickelt wurde. Die haben versucht, Ressourcenverbrauch auf die individuelle Ebene herunterzubrechen, um dann zu sagen, ab welchem Anspruch pro Kopf sind wir über die regenerativen Kapazitäten der Erde hinausgeschossen, leben also auf Kredit. Das kann man kritisieren, es gibt andere Annäherungsmöglichkeiten. Per Tonne, per Hektar. Aber die Aussage ist überall gleich: dass wir gerade mit der wachsenden Bevölkerung zu viel aus dem Planeten rausnehmen, mehr als die Ökosysteme wieder erneuern könnten.

*** Behrens ***

In Deutschland ist der *Overshoot Day*, glaube ich, der 3. Mai. Und der wird für jedes Land berechnet.

*** GÖPEL ***

Genau, Deutschlands Pro-Kopf-Verbrauch liegt deutlich über dem globalen Durchschnitt. Und der Übernutzungstrend steigt ungebrochen an

– nur durch Corona ist er 2020 ein paar Tage nach hinten gerutscht.

*** Behrens ***

Diese Kipppunkte des Ökosystems, von denen Sie gesprochen haben – da gibt es fünf Faktoren, die zusammenwirken. Ich glaube Bevölkerungswachstum, Nahrungsmittelproduktion, Energie, erneuerbare Ressourcen und Umweltverschmutzung. Es gab einmal den Versuch von Wissenschaftlern, schon vor Längerem, diese fünf Punkte so miteinander zu modellieren, dass man irgendwo einen Ausweg aus der Überlastung des Planeten findet. Am Ende stellte man fest: Egal was wir tun – wenn man nicht alle gleichmäßig senkt oder zurückfährt, führt das unweigerlich in das totale Kippen des gesamten Öko- und Wirtschaftssystems. Gilt das noch immer? Ist das immer noch gültige Theorie?

*** GÖPEL ***

Sie sprechen die *Club of Rome*-Studie von 1972 an.

* Behrens *

1972 genau. Das ist schon lange her.

* GÖPEL *

Diese Art, die Dinge zu ignorieren, war systemisch. Was an der Studie neu gewesen ist, war, dass nicht einzelne Indikatoren angeschaut wurden, wie zum Beispiel der materiellen Ressourcenverbrauch, sondern das Zusammenspiel mit dem Bevölkerungswachstum, mit der Intensität der Verschmutzung, industrieller Aktivität und Nahrungsmittelbedarf. Die verstärken sich gegenseitig und führen damit zu einem Kollaps-Szenario, an dem die gewohnte Versorgungsleistung implodiert. Das ist ein Kipppunkt, genauso wie er sich für Ökosysteme oder auch andere komplexe Systeme, wie Gesellschaften beschreiben lässt. Es ist der Moment, an dem bestehende Entwicklungen sich nicht mehr einfach beschleunigen, sondern Rückkopplungen mit anderen Faktoren die gesamte Dynamik eines Systems verändern. Bei Corona haben wir das mit »Flatten-the-Curve«

alle gelernt: Kriegen wir die Verbreitung des Virus nicht früh genug in Griff, so wirkt sich das auch auf die Versorgung anderer Krankheiten aus, und irgendwann bricht das ganze Gesundheitssystem zusammen. Dabei verstärkt der Trend sich selbst: Mehr Infektionen bieten mehr Ansteckungsherde und der Verlauf gerät außer Kontrolle. Das ist beim Klimawandel genauso: Höhere Temperaturen lassen Eis schmelzen oder Wälder abbrennen, und damit wird noch mehr CO_2 frei. Diese systemische Dynamik war die Erkenntnis des *Grenzen des Wachstums*-Berichtes. Niemand hat gesagt, das Öl würde jetzt zu Ende gehen (das wird gerne falsch dargestellt), sondern der Aufwand und damit die Verschmutzung und Zerstörung um die Nutzung werden disproportional groß. Das sehen wir jetzt zum Beispiel auch am Fracking. Wasserverschmutzung, Chemikalien, die da reingedrückt werden müssen, die Häufigkeit, mit der neue Bohrlöcher geschaffen werden müssen. Der Boden wird zum Schweizer Käse. Solange ich das nicht mitbilanziere, als Teil dessen, was es kostet, dieses Fass Öl herzustellen, kann ein Ölpreis sehr billig sein. Donald Trump hat, um das Fracking anzukurbeln, unheimlich viele Umweltauflagen rückgängig gemacht. Nur so war es möglich, das Ganze preislich günstig darzustellen. Und deshalb ist die Frage, ob die Preise die Wahrheit sagen, so wichtig! Was beim *Club of Rome*-Report entscheidend neu war, war der Blick auf das Zusammenspiel von unterschiedlichen Trends in einem System. Wenn wir dieses Zusammenspiel nicht betrachten, werden wir viele Konsequenzen nicht voraussehen.

*** Behrens ***

Das heißt, diese Erkenntnisse sind seit bald 50 Jahren bekannt und gültig. In Ihrem Buch kommen Sie auf Zusammenhänge und mögliche Reaktionen zu sprechen. Sie haben gesagt, es gibt im Kern drei Fragen, die man sich stellen muss: Haben wir genug? Werden wir genug teilen? Welches Land hat Zugriff auf welche Ressourcen? Das hört sich aber nicht unbedingt nach einer friedlichen Form der Verteilung an. Birgt das künftig das Risiko von großen geopolitischen Konflikten?

*** GÖPEL ***

Ja, nüchtern betrachtet sind Kriege sehr häufig mit Ressourcenfragen verbunden gewesen. Territoriale Fragen und die quasi darunterliegenden Ressourcen. Der Kolonialismus hat die territorialen Grenzen brutal erweitert, um den erfolgreichen industriellen Aufstieg des Westens füttern zu können, mit Ressourcen oder mit der Arbeitskraft von Menschen, die man als Sklaven gehalten hat. Also habe ich drei Fragen formuliert: 1. Werden wir genug haben. 2. Werden wir genug teilen? 3. Wer ist eigentlich wir?

Seit 1982 und 1987, also seit den Berichten auf UN-Ebene zu den ökologischen Folgen des Wirtschaftens und dem Brundtland-Bericht sowie den ersten Ideen, wie wir wirtschaftliches Wachstum und die Produktion materieller Versorgungsgüter und Technologien vom Ressourcenverbrauch entkoppeln, hat sich ja auf der relativen Ebene viel getan. Wir können die gleichen Sachen jetzt mit einer geringeren Energieintensität und geringerem Ressourcenverbrauch herstellen. Allerdings haben wir Energie und Ressourcen eben doch dazu benutzt, noch mehr herzustellen.

» **Diese Idee von immer mehr, damit alle genug haben, bekommt ein Glaubwürdigkeitsproblem.**

Das ist der sogenannte Rebound-Effekt. Und jetzt kommen wir an einen Punkt, wo wir stark merken, dass die Prognosen der Wissenschaft nicht mehr in der Zukunft liegen, sondern in die Gegenwart gerutscht sind. Schauen Sie sich an, was bei uns in Deutschland noch an Feuchtigkeit im Boden gebunden ist – auf der Karte ist wirklich alles rot. Auch das Waldsterben ist viel zu wenig in der öffentlichen Aufmerksamkeit. Diese Idee von immer mehr, damit alle genug haben, bekommt ein Glaubwürdigkeitsproblem. Damit rückt die Frage, ob wir genug teilen werden, viel stärker nach vorne. Für mich ist das die Essenz: Schaffen wir es, vernünftig über Ressourcenbudgets zu sprechen? Oder was machen wir, wenn immer mehr Menschen auf unserem Erdball leben? Die Oberfläche wächst nicht. Mark Twain hat mal gesagt, es lohne sich, jetzt Land zu kaufen, das werde nicht mehr hergestellt.

Wie werden Landflächen verteilt? Wer sollte wann unter welchen Bedingungen Zugriff darauf bekommen? Und ist der Preis das einzige Steuerungsinstrument? Was ist das für ein Gerechtigkeitsbegriff?

*** Behrens ***

Damit wären wir bei Konsum und Teilen. Beides hat mit Verzicht zu tun. Und Verzicht ist eine Möglichkeit, Verteilungskonflikte zu lösen. Sind wir bereit, für den Klimawandel unseren Konsum radikal zu ändern? Wenn man ehrlich ist, ist diese Frage gar nicht so leicht zu beantworten. Denn wenn es wirklich darum geht zu teilen: Was heißt das in den einzelnen Dimensionen? Den Wagen abzugeben, auf Urlaub zu verzichten, manche technischen Geräte nicht zu nutzen? Ist die Idee der Gemeinwohlökonomie ein möglicher Lösungsweg?

* **GÖPEL** *

Da gibt es zum Beispiel den österreichischen Autor Christian Felber. Er betrachtet zentrale ökonomische Konzepte daraufhin, was sie eigentlich meinen und wollen. Welche Wertentscheidungen verbergen sich hinter Zahlen und Gleichungen, die nicht transparent sind. Solche Kosten-Nutzen-Analysen sind ja hoch interessant. Mit wie großer Wahrscheinlichkeit wird zum Beispiel ein menschliches Leben durch Umweltverschmutzung beeinträchtigt und wie gehen wir damit um? Oder denken sie an die Pandemie. Wir waren entsetzt darüber, dass diese Triage stattfinden muss, wo wir entscheiden müssen, wer ein Atemgerät kriegt und wer nicht. Aber *de facto* findet so etwas aus einer ökonomischen Kalkulation heraus jeden

Tag ein bisschen statt: Wie viele Ressourcen stecke ich in ein Leben und einen Körper, dessen Ableben zu prognostizieren mir schwerfällt und dessen Überlebenschancen geringer werden. Diese Abwägung können wir explizit oder implizit treffen. Und das ist einer der Kritikpunkte der politischen Ökonomie, dass so was viel transparenter gemacht werden muss, um zu verdeutlichen, dass solche Fragen und Antworten nicht objektiv oder neutral sind.

Felber sucht nach einer Vision von Ökonomie, die sich am Gemeinwohl orientiert. Er hat zwei Sachen gemacht. Er kritisiert stark, dass es heute die individuelle Profitorientierung ist, die die dominante Richtung darstellt. Ich glaube aber nicht, dass man das momentan einfach ändern kann – zumindest nicht, wenn die Anreizsysteme, Investitionslogiken, Konzepte der Daseinsvorsorge etc. nicht geändert werden. Und parallel sucht er nach einer Vision, wie eine Gemeinwohlökonomie aussehen könnte und wie wir demokratisch mitentscheiden können, was auf der produzierenden Seite passieren soll. Und mit der sogenannten Gemeinwohl-Matrix können Unternehmen ihre Wertschöpfung anders bilanzieren. Es gibt viele Initiativen, die versuchen, stärker ökologische und soziale Faktoren in einem Geschäftsmodell abzubilden. Was aber bei denen nicht stattfindet, ist, dass diese Faktoren quasi in das normale Geschäftsergebnis einfließen, sondern sie werden als Nebeneffekte betrachtet. Felber hat das nun integriert mittels dieser Matrix. Die schaut sich alles an. Vor allem die Bereiche der Wertschöpfung: Von wem nehme ich welche Investition an? Laufen die Vergütungen für diese Investitionen komplett an einen anderen Ort der Welt? Oder wird das, was an Mehrwert generiert wird, in die lokale Struktur, in der ein Unternehmen eingebettet ist, zurückgeführt? Deshalb gibt es auch Gemeinwohlregionen. Felber hat auch überlegt, woran sich eine Kreditvergabe an solche Unternehmen orientieren kann. Es geht also darum, wie sich Strukturen viel stärker am Gemeinwohl orientieren lassen und wie man das bewerten kann.

Es ist eine wirklich spannende Bewegung aus der Wirtschaft, und es gibt mehrere dieser Ansätze, zum Beispiel auch die B-Corporations. In Deutschland, aber auch in den USA haben sich ihr viele Unternehmen angeschlossen, um den sozialen und ökologischen Impact zu bilanzieren. Das müsste natürlich steuerlich abgebildet werden, damit Unternehmen, die nachhaltige Wertschöpfung umzusetzen versuchen, nicht benachteiligt sind.

In den heutigen Wettbewerbsstrukturen existiert eine starke Preisorientierung, und die bevorteilt Unternehmen, deren Bilanzen eben nicht die soziale und ökologische Wahrheit sagen. Und mit Werbekampagnen wie »Geiz ist geil« wird das noch befeuert. Es ist eine Aufgabe der Politik, die Rahmenbedingungen so zu verändern, dass die Geschäftsmodelle, die nachhaltig sind, eine Chance haben.

Ich möchte zu Verzicht noch was sagen. Wir sind alle Menschen, die in Rahmenbedingungen leben. Das kann man in der Wohlergehensforschung wunderbar sehen. Relative Vergleiche sind total wichtig. Natürlich ist es für einige ganz schwer, auf irgendetwas zu verzichten, weil bei ihnen – wenn wir wieder an den Donut denken – die Mindestversorgung vielleicht gerade erst erreicht ist. Die Diskussionen darüber, was ein guter Hartz-IV-Satz ist oder ein guter Mindestlohn, drehen sich ja auch um relative Vergleiche. Bei einigen bedeutet Verzicht wirklich Deprivation. Bei anderen nicht. Deshalb ist die Frage eher, warum wir von so unterschiedlichen Niveaus aus starten. Und wie kriegt man es hin, dass diejenigen, die ein viel dickeres Polster haben, mehr abgeben?

*** Behrens ***

Da sind wir bei der CO_2-Steuer.

*** GÖPEL ***

Diese Brücke zu schlagen, war ja bei der CO_2-Steuer genau die Idee. Dass diejenigen mit großer Wohnfläche, großen Autos, vielen Urlaubsreisen mehr zahlen. Am Haushaltsbudget kann man die Zusammenhänge sehr schön erkennen. Mobilität und Reisen machen bei denjenigen, die ein höheres Einkommen haben, irgendwann fast die Hälfte der Ausgaben aus. Das nimmt proportional zu. Bei den Haushalten, die nicht so viel haben, geht einfach viel in die tägliche Versorgung, in Energie, Wohnen usw. Da ist es natürlich sinnvoll, eine CO_2-Steuer einzuführen, die jene, die ein größeres Auto fahren, mehr fahren und weiter reisen, auch stärker belastet. Denn die haben ja auch ein anderes finanzielles Budget zur Verfügung. Dann kam die Idee der beiden Ökonomen Ottmar Edenhofer und Christoph Schmidt hinzu, dass man einen Teil der Einnahmen pro Kopf zurückzahlt. Ihr Vorschlag wurde breit diskutiert. Warum hat es eine progressive Wirkung, wenn ich pro Kopf zurückbezahle? Es wurde gezeigt, dass kleine Haushaltsbudgets sogar stärker entlastet werden und mehr gewinnen durch diese Rückzahlungen, als an Belastungen durch die CO_2-Abgabe auf sie zukäme. Sie war gekoppelt mit einer Veränderung der Energiesteuer nach Energieträgern. Das ist die ganze

Idee – mit Steuern steuern. Das heißt: Wenn der Energieverbrauch aus erneuerbaren Energien kommt, muss ich nicht so stark reduzieren, wie dann, wenn er aus fossilen Energieträgern kommt oder mit ihnen gekoppelt ist. Man kann Umweltpolitik – und das ist das Plädoyer – immer so gestalten, dass man versucht, das Soziale und das Ökologische miteinander zu verheiraten.

Wir sollten uns in dieser Gesellschaft fragen, wie es sein kann, dass Menschen keinen Spielraum mehr haben, 10, 15 oder 20 Euro mehr pro Monat für Energie aufzubringen. Warum sind die Ausgaben für Mieten so rasant gestiegen? Und wer profitiert eigentlich davon? Wo geht das Haushaltsbudget hin? Wieso gibt es so viele, die sich nachhaltigen Konsum nicht leisten können – in einem der reichsten Länder der Welt? Da stimmt doch irgendwas nicht. Da kann ich das Anreizsystem auf der anderen Seite anpassen, zum Beispiel bei Subventionen in der Landwirtschaft, und biologische Produktion damit günstiger machen. Systemisches Denken und Transformationswissenschaft versuchen, unterschiedliche Treiber eines Problems gemeinsam zu verstehen und zu verändern. Da komme ich auf Infrastrukturprojekte, Mobilität, also die Dienstleistung, eine Sache oder Person sicher von A nach B zu bewegen, mit möglichst wenigen Nebenwirkungen. Das kann ich in unterschiedlicher Form sicherstellen. Deshalb sind der Ausbau von Nahverkehr und Initiativen so wichtig, die versuchen, die unterschiedlichen Distanzen, Geschwindigkeiten, die Transportfähigkeit etc. modular zusammenzustellen. Wozu brauchen wir zig Autos, die primär herumstehen? Selbstfahrende Autos sind ja in dem Bereich eine mögliche Entwicklung.

Wir müssen anfangen, unser Denken umzulenken auf die Idee, dass nicht jeder ein Auto besitzen können muss, dass aber jeder Zugang zu verlässlicher individueller Mobilität haben muss. Das ist eine komplett andere Sichtweise. Da habe ich natürlich unterschiedliche Akteure, die zusammenarbeiten, um so etwas umzusetzen, inklusive der Autokonzerne, wenn sie sich denn dieser Form von Geschäftsmodell nähern.

* **Behrens** *

Aber ich verstehe Sie richtig, dass nicht Logistik und Organisation das Problem darstellen, sondern der Wille der Leute, das zu akzeptieren.

* **GÖPEL** *

Jein, wir hatten diese Debatte gerade, im Brandenburgischen, wo ich lebe. 40 Prozent der Bahnstrecken im Osten sind ja einfach eingestellt worden, und dann sagt die Ministerpräsidentin eines Ostlandes natürlich ganz zu Recht: »Wir müssen erst die Regionalbahnen alle wieder aufbauen und dann erst die CO_2-Steuer machen.« Wenn natürlich die Infrastruktur die Alternativen noch nicht bietet, ist das ein wichtiger Punkt in der Verzichtsfrage. Es wird einem im Moment nicht besonders leicht gemacht, nachhaltig zu konsumieren. Darüber hat der Umweltwissenschaftler Michael Kopatz ein Buch geschrieben, »Ökoroutine«. Wie stark müssen wir gegen den Strom und gegen die bequemste Lösung anschwimmen, wenn wir uns nachhaltig verhalten möchten? Und da ist es wichtig, dass wir die Rahmenbedingungen ändern, damit das gute Leben, das nachhaltige gute Leben leichter wird.

*** Behrens ***

CO_2 oder Kohlendioxid ist ein harter Indikator für Konsum und Veränderungen. Ich habe mich oft gefragt, ob es noch andere Indikatoren gibt, die vielleicht ähnlich wichtig sind, aber aus irgendwelchen Gründen schwerer zu greifen, schwerer zu vermitteln sind.

*** GÖPEL ***

Man kann verschiedene Instrumente unterscheiden. Das eine sind Makroinstrumente. Das wäre eine CO_2-Steuer, die beziehe ich auf der nationalen oder, idealerweise natürlich, auf der globalen oder europäischen Ebene ein. Mit ihr korrigiere ich ein Marktversagen. So nennen das Ökonomen seit Arthur Cecil Pigou, schon seit 100 Jahren. Er hat das Steuerungselement zu CO_2, eine Steuer gegen Umweltverschmutzung, zum ersten Mal formuliert. Marktversagen deshalb, weil der Preis nicht den Ressourcenverbrauch anzeigt und damit diesen Verbrauch auch nicht steuert. Es geht ja nicht darum, dass wir zu wenig Öl hätten. Die begrenzte Ressource ist nicht das Öl, sondern die Atmosphäre, die das, was wir an CO_2 freisetzen, und mit den fossilen Brennstoffen im Boden noch freisetzten können, nicht alles aufnehmen kann, ohne dass das Klima kippt. Etwa zwei Drittel müssen wir im Boden lassen. Deshalb ist es wichtig zu sagen, dass es teurer wird, die begrenzte Ressource zu nutzen, sprich die Atmosphäre, sprich das CO_2 oder die CO_2-Intensität. Das ist eine Korrektur des Marktversagens. Natürlich ist das ein sehr breites Instrument, das auch einen breiten Innovationsimpuls setzt. Wir haben viele Unternehmen, die gesagt haben, »Jetzt gebt uns doch diese CO_2-Steuer, dann haben wir viel eher eine Chance, mit unseren Technologien in die Marktreife zu kommen.« Denn damit ändern sich die Preiskalkulationen. Ab dem Moment, wo ich verbindlich weiß, welche Signale kommen, welcher Stoff in Zukunft nicht wünschenswert ist oder gebunden werden muss, habe ich ja eine andere Orientierung. Ich weiß viel besser, was eine gute Innovation ist, wo Geld zu machen ist, wo Absatz zu erwarten ist. Investitionen gehen dann in eine ganz andere Richtung. Wir hätten wahrscheinlich auch einen früheren Kohleausstieg hinbekommen, ohne die vielen Kompensationen an Unternehmen – Unternehmen, die in der Vergangenheit schon viele Subventionen erhalten haben. Es würde sich auch lohnen, die Subventionen, die immer noch in die fossilen und braunen Energien fließen, einfach wegzulassen. Dann würde der Preiswettbewerb mit Erneuerbaren sehr viel schneller zum Break-even kommt. Der andere Teil sind infrastrukturelle Fragen, Planungsrechtsfragen. Wenn wir zum Beispiel sagen, wir wollen 100 Prozent Elektrifizierung – das ist ja gerade die Ansage mit der Digitalisierung oder der E-Mobilität –, dann muss der Strom auch woanders herkommen, sonst können wir noch so viele Elektroautos bauen. Solange die aus Kohlekraftwerken gefüttert werden, ist das einfach Quatsch. Deshalb müssen wir fragen: Wie kriegen wir es hin, beispielsweise Kommunen viel stärker einzubinden, damit sie von der Windkraft, die sie lokal aufstellen, auch profitieren. Es ist ein ganz klares Forschungsergebnis: In dem Moment, wo ich vor Ort die Menschen zu ökonomischer Teilhabe einlade und in die Planung der Energieversorgung einbeziehe, habe ich weniger Widerstand. Jetzt gibt es allerdings ein Vergaberecht, das an den Bürgerinnen und Bürgern vorbeiplant und die vorher rasant wachsende genossenschaftliche dezentrale Struktur ausbremst. Da brauchen wir bessere politische Rahmenbedingungen. Und deshalb finde ich den CO_2-Preis wahnsinnig wichtig. Er bietet sich als Marktinstrument an. Aber es braucht auch gute Infrastrukturplanung und partizipative Instrumente.

*** Behrens ***

Ich würde gerne einen Schritt weiter gehen. Und zwar zu der Frage, warum Änderungen so zäh, schwierig und umstritten sind. Sie haben mal den Begriff des *Short-Termism* gebraucht, was man mit *Kurzfristigkeits-ismus* übersetzen könnte. Das heißt so viel wie: Man schaut immer nur auf die nahen und nächsten Ziele. Die Politik zum Beispiel schaut nur auf die nächsten Wahlen – und das zuungunsten langfristiger Sicherheiten, langfristiger Veränderungen. Ist das wirklich ein Grund für häufige Fehlentscheidungen? Würde man mit längeren Entscheidungszyklen Ihrer Meinung nach etwas verbessern können? Zum Beispiel einer verlängerten Legislaturperiode oder verbindlichen Verträgen, die nicht die nächste Regierung wieder revidiert. Ist dagegen ein Kraut gewachsen? Oder muss man solches Hin-und-her einfach hinnehmen?

*** GÖPEL ***

Nein, man muss das natürlich nicht hinnehmen. Da zeichnet sich eine Entwicklung ab.

Wenn man sich Menschen ansieht, denkt man unwillkürlich an den Fachterminus *Hyperbolic Discount Rate*. Das ist eingebaut in uns, das ist wie der Spatz in der Hand, der uns lieber ist als die Taube auf dem Dach. Das Kurzfristige hat eine höhere Attraktivität, selbst, wenn es so aussieht, als wäre das Längerfristige wünschenswert. Aber wir schaffen es ja auch auf anderen Feldern, zum Beispiel in den Rentenversicherungen und ähnlichen Institutionen, für die lange Frist vorzusorgen.

» Wieso gibt es so viele, die sich nachhaltigen Konsum nicht leisten können – in einem der reichsten Länder der Welt? Da stimmt doch irgendwas nicht.

Wir haben also institutionelle Möglichkeiten gefunden, Vorsorge über längere Zeit hinzubekommen, davon könnten wir lernen. Aber nicht nur die Politik denkt kurzfristig. In vielen Bereichen ist alles immer kurzfristiger zusammengeschnurrt. Zum Beispiel bei Aktien. Die ursprüngliche Idee von Aktienbeteiligung war, dass ich an einem Unternehmen einen Anteil erwerbe und mit ihm ein Stück weit durch die Geschichte gehe. Ich teile Risiko und Gewinne. Das war auch die ursprüngliche Idee von Krediten. Dann haben wir das immer mehr verkürzt, Aktien zu Wertpapieren gemacht. Und jetzt haben wir Millisekunden-Trade-Computer. Das hat natürlich nichts mehr zu tun mit irgendeiner Rückbindung an ein Geschäftsmodell oder eine realwirtschaftliche Entwicklung. Das ist reine Finanzspekulation, die aber im Zweifel harte Konsequenzen für das Realwirtschaftliche hat.

Irgendwann 2010 war ich zufällig in New York, als es ein Computerproblem gab. Und, bums, sind Milliarden vernichtet worden, weil die Algorithmen alle auf ein Signal gleichzeitig reagiert haben. Das ist eine menschliche Entwicklung gewesen, die uns in diesen *Short-Termism* reingetrieben hat. Die Demoskopie erhebt Daten immer intensiver und immer kurzfristiger. Jede *Social-Media*-Aktivität muss rückgemeldet werden und verändert in irgendeiner Weise meine politische Position. Wir müssen bei demokratischen Systemen überlegen, wie wir da rauskommen.

Da gibt es zum Beispiel das sogenannte *Roadmapping*, Transitionsstrategien, wo man Zehn-Jahres-Pläne macht, ausgehend von der Frage: »Was wollen wir eigentlich langfristig erreichen?« In der Umsetzung geht es um adaptives Management, also um Maßnahmen, die im Prozess der Veränderung nachsteuern. Aber das Ziel selbst wird nicht mehr infrage gestellt. Die Forschung kann sehr gut nachweisen: Wenn ein Zickzackkurs aufhört, dann ist es für Investoren, für Unternehmen, aber auch für Individuen einfacher, sich auf etwas Neues einzustellen. Wenn ich als Unternehmen sagen kann, ein CO_2-Preis mit dem Ziel der Dekarbonisierung wird kommen, dann heißt das für mich, ich muss die Infrastruktur und diese oder jene Energiequelle verändern. Und das kann ich meinen Investoren und denjenigen, die einen kurzfristigen *Return on Investment* wollen, erklären: notwendige Rücklagen oder Investitionen, anstatt Profitreduktion durch nicht notwendige Ausgaben. Diese Zeitfristigkeit hat auch für die Kosten-Nutzen-Rechnung eine große Bedeutung.

Die sogenannte Diskontrate ist da groß in der Debatte. Der britische Ökonom Nicholas Stern hat sie einmal sehr deutlich gemacht in seinem Klimabericht. Momentan sagen wir immer, die zukünftigen Generationen werden reicher sein, bessere Technologien haben. Es ist eine typische Annahme der Ökonomie, dass wir automatisch weiterwachsen. Und dann sei es für die Generationen in der Zukunft billiger als heute, die notwendigen Anpassungen vorzunehmen. Das heißt, ich diskontiere den Preisaufwand zulasten der zukünftigen Generationen. Da hat Stern gesagt, das ist jetzt, wo wir gerade am Kipppunkt des Klimanotstands angekommen sind, nicht nur ökonomisch unzulänglich, sondern einfach grob fahrlässig. Immer nur der ökonomische Blick – das ist nicht ausreichend.

Manche, wie William Nordhaus, der nun den Nobelpreis bekommen hat, modellieren herum und sagen: »Ach, 3 Grad Erwärmung, das ist eigentlich ökonomisch sinnvoll.« Aber 3 Grad sind eine Katastrophe. Selbst wenn wir sagen würden, dass 3 Grad unter dem aktuellen ökonomischen System vielleicht die effizienteste Investitionsstrategie wären, muss ich realistisch sagen: »Diese Konsequenzen kann ich ökonomisch nicht mehr abbilden.« Ich muss mich fragen, was das für menschenrechtliche Konsequenzen hat. Und selbst bei rein ökonomischer Betrachtung hat Stern gesagt, wir dürfen keine Diskontraten mehr einziehen. Das gilt für die Biodiversität übrigens genauso, wie die große *The Economics of Ecosystem Services and Biodiversity*-Studie (TEEB) berechnet hat. In dem Moment, wo die Risiken der irreversiblen Veränderung von Ökosystemen so groß werden, muss ich sagen: Es ist billiger, diese Veränderung jetzt vorzunehmen, weil die Folgekosten immens sind – rein ökonomisch betrachtet, ohne Menschenrechte, ohne untergehende Malediven, ohne Klimaflüchtlinge. Rein ökonomisch sind wir da angelangt, dass es viel günstiger ist, jetzt diese Investitionen zu tätigen als in der Zukunft. Die Kosten des Nichthandelns sind größer und ehrlicherweise auch irgendwann nicht mehr kalkulierbar. Deshalb gibt es bei Corona solche Einschränkung. Aber das muss transparent gemacht werden. Wenn die einen sagen »das kostet viel« und die anderen sagen »das kostet weniger«, weil die einen Diskontraten haben und die anderen die nicht, führt das oft dazu, dass wir erst mal nicht handeln. Deshalb ist es so wichtig, dass wir anfangen, die Grundannahmen hinter solchen Berechnungen transparent zu machen. Das sind nämlich Risikoprofile, die im Zweifel der Bevölkerung vorenthalten werden. Ein paar Experten oder Modellierer sagen dann (für die gesamte Bevölkerung!), was es die Bundesregierung kostet, wenn wir in erneuerbare Energien reingehen. Aber wollten wir überhaupt, dass der zugrunde gelegte Realitätsausschnitt oder Zeitraum der ist, den die Modellierer und

Experten genannt haben? Und schaue ich mir die Effekte national an oder schaue ich mir auch die positiven Entwicklungseffekte bei den Erneuerbaren an? Wie viele ärmere Regionen müssen nicht erst große Kohlekraftwerke bauen, sondern können schnell und ohne Luftverschmutzung mit neuen Lösungen versorgt werden – mit Solarzellen, Windkrafträdern und so weiter? Das ist ein riesiges entwicklungspolitisches Momentum.

*** Behrens ***

Was sagen Sie denn Leuten, die auf dem Standpunkt stehen, das hilft nur was, wenn man das weltweit macht? Wenn wir als kleines Land hier Vorreiter sind, kostet uns das nur Geld, schadet und nützt nichts. Was sagen Sie denen?

*** GÖPEL ***

Zum einen: Natürlich wäre eine globale Lösung die beste Lösung. Zum andern: Die Frage ist ja, welches Risiko ich auf mich nehmen möchte, wenn ich trotz des Wissens um die negativen

Konsequenzen als reiches Land nicht handele. Und wir haben ja schon gute Effekte gehabt, die Technologieführerschaft durch unsere Energiepolitik. Wir haben in vielen Bereichen aber wieder verloren. Man muss ehrlich sagen: Dass das zentrale Teil dieses Bereiches an China verloren wurde, hat auch damit zu tun, wie man politisch darauf reagiert hat.

Für mich waren die allerwichtigsten Reports in der Verantwortungsfrage die vom Weltwirtschaftsforum. Der globale Risikobericht erscheint jedes Jahr mit den zehn größten Risiken für die Weltwirtschaft. Die Umweltthemen sind immer weiter hochgeklettert, und in 2020 waren es fünf unter den ersten sechs Top-Risiken. Das heißt, es ist klar, dass wir ein echtes Problem haben, aus wirtschaftlicher Perspektive. Da geht es um Sicherheit in der Planung, Dürren, Überflutungen, Wetterkatastrophen, Nahrungskrisen. Das ist keine besonders stabile Umwelt, in der wir Geschäfte machen können, das sehen wir jetzt. Was macht das mit uns, wenn bestimmte Zonen der Welt einfach aus den Wertschöpfungsketten rausbrechen? In dem Moment, wo ich das mit einer Risikoanalyse anstatt mit der weichen Umweltschutzbrille betrachte, werden die Probleme deutlicher. Die Finanzmärkte haben das schon gemerkt. Wir sehen auch eine Entwicklung auf europäischer Ebene, die versucht, nachhaltige Investitionen zu standardisieren, also das Klimarisiko – und zunehmend auch andere Umweltrisiken – als finanzielle Risiken einzupreisen.

In diesem Moment kriege ich eine andere Perspektive, und andere Akteure kommen ins Spiel. Die Rückversicherer waren schon ganz lange auf diesem Weg. Die haben gesagt, wir können solche Risiken nicht mehr absichern. Das Gleiche haben wir bei der Kernkraft übrigens auch, falls dort ein Schaden einträte. Kein privater Akteur würde eine normale Haftpflichtversicherung dafür kriegen. Deshalb werden Zukunftstechnologien ohne Zweifel die mit möglichst geringem Ressourceneinsatz und Verschmutzungseffekt sein. Im Idealfall für 8 bis 10 Milliarden Menschen. Daher ist

Nichthandeln keine wirkliche Option. Erstens, aus Verantwortung heraus, und zweitens, aus der Intention heraus, dass Frieden etwas ist, das sich zu verteidigen lohnt. Und gerade der europäische Kontinent ist sehr ressourcenarm. Wenn wir uns die geopolitische Entwicklung anschauen, ist der *Green Deal* mit der Dekarbonisierung und Kreislaufwirtschaft eine Sicherheitsstrategie. Esist absolut sinnvoll, viel mehr Zirkularität anzustreben und insgesamt unabhängiger von Ressourcen aus anderen Ländern zu werden, also die Externalisierung runterzufahren. Unnötige Versorgungsengpässe und Ressourcenverschwendung sind ein unökonomisches Entwicklungsmodell.

*** Behrens ***

Sie haben gerade beschreiben, dass Kommunikation in der Krise ein ganz entscheidendes Merkmal ist, Gehör zu finden. Sie sind bekannt dafür und beliebt dafür, dass Sie Dinge gut erklären können. Sie haben gesagt, dass Sie eine Sendung im Vorabendprogramm wie zum Beispiel »Klima vor acht« befürworten würden. Sie erwähnen oft den *Overshoot Day*, es gibt den Begriff des ökologischen Fußabdrucks – das sind alles sehr fassliche Bilder und Formate, die Menschen ein Problem näherbringen können. In Ihrem Buch beschreiben Sie ein Bild der aufgehenden Erde von Apollo 8 aus gesehen: Drei Astronauten kommen hinter der dunklen Seite des Mondes hervor und blicken fasziniert auf die aufgehende Erde.

Ein anderes berühmtes Bild der Erde, die sogenannte *blaue Murmel* – das erste Foto unseres Planeten, von einem Satelliten aufgenommen – war ja auch für eine andere Bewegung ein Zündfunke, nämlich für die Hippie-Kultur, aus der die kalifornische Ideologie hervorging, die heutigen IT-Fürsten des Silicon Valley. Damals waren das Leute, die die Welt völlig verändern wollten, weil sie plötzlich einen Blick von außen auf diese Welt bekamen.

Ich habe mich dabei gefragt: Welche Rolle spielt eigentlich die ästhetische Vermittlung wissenschaftlicher Inhalte. Ist es wichtig, solche Bilder zu finden? Oder führen die am Ende in die Irre?

* GÖPEL *

Der Begriff *Upset of the Human Self-Image* ist aus dem 1987er-Bericht, dem Brundtland-Bericht, der Nachhaltigkeitskommission, benannt nach der damaligen norwegischen Premierministerin. Zum ersten Mal wurde diskutiert und gefragt, wie stark eigentlich das wirtschaftliche Entwicklungsmodell die Umwelt tatsächlich erodiert. Die Kommission hat das verglichen mit der kopernikanischen Revolution. Nicht die Sonne dreht sich mehr um uns, sondern die Erde dreht sich plötzlich um die Sonne. Das war eine kleine Kränkung für unser egozentrisches Selbstbild. Deshalb gibt es ein zweites *Upset-of-the-Human-Self-Image*. Weil wir eben sehen, dass wir Menschen eingebettet in ein fragiles Netzwerk natürlicher Systeme leben. Da hängt auf einmal das kleine Raumschiff Erde in diesem großen weiten Schwarz. Und wir haben nur diesen einen Planeten und sehen, dass er keine endlose Masse ist. Damit fing es an. Erst war da diese Idee von unendlicher Natur »ein Haufen endloser Ressourcen, die wir für uns benutzen«, und dann: »Hey, das sind ja begrenzte und sich verändernde blaue, grüne und weiße Verflechtungen.« Das hatte natürlich auch etwas wahnsinnig Ästhetisches. Wenn wir uns überlegen, wo ein Teil der führenden und ästhetisch schönen Innovationen herkommen im Design, dann handelt es sich ja oft um Bio-Mimikry. Wir sehen uns zum Beispiel an, wie eine Haihaut im Wasser Reibung reduziert, und dann fangen wir an, Oberflächen ebenso zu gestalten. Also diese Faszination dafür, wie die Natur Dinge regelt, sich selbst regeneriert, diese Lebendigkeit, dieses Wachstum zu einem optimalen Zustand. Das zum Ausgangspunkt für sinnvolle Lösungen zu machen, wäre eine paradigmatische Veränderung.

Deshalb glaube ich, dass Bilder und Erfahrungen wichtig sind. Auch für das wissenschaftliche Verständnis. Aber es geht auch darum, Geschichten zu erzählen, worin wir Menschen wahnsinnig gut sind. Das bringt uns zu einer Form der Betrachtung eines Gegenstands oder Lebewesens und zu einer Idee davon, wie er verfasst ist und was legitim ist, damit zu tun. Da macht es zum Beispiel einen Riesenunterschied, ob ich von Naturkapital spreche oder von einem Netzwerk des Lebens. Das hat auch Garrett Hardin gesagt, der Erfinder der *Tragedy oft the Commons* (Tragödie des Allgemeinguts). Als ökologisch denkender Ökonom hat er gesagt, wir brauchen *filters against folly*, also *Filter gegen die Torheit*. Das heißt, um etwas wirklich zu verstehen, brauchen wir einmal angemessene quantitative Vorstellungen, die Zahlen. Aber wir müssen immer auch überlegen, ob die Worte und Begriffe, die wir nutzen, zu dem passen, was wir wirklich ausdrücken wollen. Das hat viel damit zu tun, was wir für wünschenswert, für richtig, für falsch halten, bis hin zu unserer Identität, unserer Selbstwahrnehmung und dem, was wir sind, was uns ausmacht. Beides allein – die Zahlen oder die Worte – sind unzureichend für ein wirkliches Verständnis der

Sachverhalte. Deshalb finde ich es so spannend – seit 2012 ist das viel stärker geworden –, dieses Zusammenspiel zwischen Naturwissenschaften und Sozialwissenschaften zu sehen. Wie können wir Veränderungsprozesse, als sozialökologische Systeme gedacht, gemeinsam besser verstehen. Und als dritten Filter hat der evolutionär denkende Hardin darauf bestanden, dass immer gleich die nächste Entwicklung mit antizipiert werden sollte: *Und was dann?* Also wieder die Idee der Adaptation über die Zeit.

Besonders wichtig heute ist aber auch dabei die übergeordnete Frage, worum es denn überhaupt geht bei der Suche nach erfolgreicher Entwicklung. Denn hier kommt die positive Nachricht aus der Sozialwissenschaft, dass Menschen ziemlich glücklich leben können, ohne immer mehr haben zu müssen, wenn andere Dinge wie Gesundheit, verlässliche Ernährung und Ähnliches sichergestellt sind. Das ist mir wichtig. Studien zeigen außerdem, dass die heutige Form von extrem beschleunigtem wirtschaftlichen Wachstum die Menschen nicht glücklich macht, aber für viel Stress und soziale Unwuchten sorgt. Aus meiner Sicht und gemessen daran, was ich an Rückmeldung bekomme, ist diese Idee von Wachstum als positiver Vision sowieso zerbrochen. Wenn wir nicht fragen »Was soll wachsen?«, »Wer bekommt dann was?«, »Wo sollen welche Jobs entstehen und mit welchen Vergütungshöhen?«, dann ist das Vertrauen in die Steigerung des Bruttosozialprodukts und die Erwartung, dass das allen guttun wird, ja auch passé.

*** Behrens ***

Welche Rolle spielt Schulbildung? Was sagen Sie ihren Kindern? Sind Sie für ein Schulfach »Klimawandel«?

*** GÖPEL ***

Nein, ich finde ein Schulfach »Zukunftsgestaltung« wichtiger. Margret Rasfeld hatte eine schöne Idee mit den Frei-Days, also freie Tage, wo Kinder selbst entscheiden, welche Fragen sie gerade umtreiben. Das Argument gegen die *Fridays for Future* war ja: »Geht mal zurück in die Schule, dann könnt ihr was lernen, dann werdet ihr richtig gute Ingenieurinnen und könnt irgendwann die Welt retten.« Und die haben gesagt: »Seid ihr irre? In 20 Jahren ist nichts mehr mit Klimaretten. Ich will heute meine Selbstwirksamkeit als Bürgerin einbringen, damit sich hier etwas verändert, und nicht in irgendeiner Schulbank sitzen, um irgendwann Ingenieurin werden zu können.«

» Rein ökonomisch sind wir da angelangt, dass es viel günstiger ist, jetzt diese Investitionen zu tätigen als in der Zukunft. Die Kosten des Nichthandelns sind größer.

Das ist eine eigene Motivation, Selbstwirksamkeit zu suchen und damit Angst in Handlung umzumünzen. In dem Moment, wo ich merke, dass mir zugehört wird, bin ich nicht nur einfach gelähmt von dem großen Bild der Prognostik. »Agency« nennen wir das in der Forschung: Ich kann anders mit etwas umgehen, wenn ich das Gefühl habe, wenigstens einen gewissen Hebel zu besitzen, um Einfluss zu nehmen. Ich finde, es ist eine gute Idee zu schauen, was eigentlich von den Schülerinnen und Schülern kommt. Gerade heute war eine große Weltkonferenz der UNESCO, die im Mai in Berlin ein ganz neues *Learning Framework* vorstellen wird. Es geht um die Frage, was die richtige Bildung für eine nachhaltige Entwicklung und die Transformation dorthin ist. Welche Bildung brauchen wir für die Erreichung der Agenda 2030? Da geht es weniger darum, Wissen einzutrichtern, sondern mehr um systemisches und kritisch-konstruktives Denken und darum, das Ökologische mit anderen Sachen zusammenzubringen. Außerdem das, was die Pädagogik Kompetenzen nennt: Wie eigne ich mir verlässliche Informationen an? Wie gehe ich mit Unsicherheit um? Wie gehe ich mit multiplen Perspektiven um? Wie erreiche ich Selbstregulation? Wie kann ich gestaltend wirken im Kontext rasanter Veränderung – nicht nur in der Konfrontation mit den globalen Umweltveränderungen, sondern auch in der Digitalisierung. Oft hält sich da noch die Idee, wir bringen ganz viele Laptops in die Schulen und werden alle zu toll vernetzten Anwenderinnen und Anwendern. Aber was die Digitalisierung eigentlich mit unserer Gesellschaft und Lebenserfahrung macht, braucht ja eine ganz andere Form von digitaler Intelligenz oder auch Resilienz, weil es da um die Neugestaltung gesellschaftlicher Kommunikation, Räume und Prozesse geht. Da muss ich nicht nur wissen, wie WhatsApp geht. Da gibt es viele spannende Parallelen zwischen den Ansätzen, die die UNESCO hat, und der Diskussion um *Future Skills* aus der Wirtschaft: systemisches Denken, mit Komplexität umgehen, emotionale Intelligenz.

Ich fände es wichtig, auch das Thema Identitäten aufzunehmen. Dann bin ich halt eine Zeit lang Autoschrauber, und als nächstes werde ich Sänger oder was anderes. Das ist für die jüngere Generation von heute zum Glück schon viel selbstverständlicher und kann dann auch gesellschaftliche Veränderungsprozesse einfacher machen. Der *OECD Learning Compass 2030* hat auch sehr schön zusammengefasst, dass Werte immer ein integraler Bestandteil von Bildung sind.

*** Behrens ***

Eine Frage habe ich, so eine Hand-aufs-Herz-Frage mit Blick auf die *Fridays for Future*: Sollen Kinder echt an demokratischen Prozessen zum Klimawandel oder zu Klimawandelfragen partizipieren können und schon mit 16 wählen dürfen?

*** GÖPEL ***

Also ganz ehrlich, wenn ich mir die Altersklassen der manchmal auch etwas weniger rational agierenden Personen ansehe, weiß ich nicht, ob ich das am Alter festmachen würde...

*** Behrens ***

Gut, aber das Wahlgesetz braucht ein Alter...

*** GÖPEL ***

Wenn wir uns die Ergebnisse zur Europawahl anschauen – so nimmt die Stimmenverteilung oder die Anzahl der Menschen in verschiedenen Altersabschnitten nach oben hin ja zu. Dann wäre das Wahlrecht mit 16 erst mal ein kleines Ausbalancieren des Einflusses von denjenigen, die vielleicht nur noch zehn oder 20 Jahre zu leben haben, zugunsten derer, die noch 60, 70, 80 Jahre in dieser Gesellschaft leben. Also aus dieser Perspektive heraus würde ich sagen, dass das viel Sinn macht, weil wir durch die demografische Veränderung und die lange Lebenszeit von Menschen, die ja hoch wünschenswert ist, eine Dysbalance bekommen haben zuungunsten derer, die mit den Entscheidungen einfach noch sehr lange leben müssen.

*** Behrens ***

Ich möchte noch auf einen mir wichtigen Punkt kommen. Es gibt eine gewisse Duplizität bei Corona und Klimawandel. Beides, Klimawandel und Corona-Maßnahmen polarisieren stark. Um beide werden regelrechte Glaubenskriege geführt. Beide erzeugen Angst. Die einen fürchten sich schrecklich, die anderen negieren, dass es ein Problem gibt. Und in beiden Fällen überschreitet die Wissenschaft dic Grenze zur Politik. Wenn man sich ansieht, wie stark die Klimaforschung in den USA unter Druck geraten ist, und wenn man sich jetzt anschaut, wie sehr Virologen in Deutschland unter Druck geraten, weil sie von der Politik häufig als Stichwortgeber für Entscheidungen herangezogen werden. Gerät die evidenzbasierte Wissenschaft so in eine Krise? Ist ihre Glaubwürdigkeit bedroht, wenn die Politik die Entscheidung auf Fachleute abwälzt, ob es einen Lockdown gibt oder nicht. Das kann nicht eine Entscheidung von Virologen sein, sondern von gewählten Politikerinnen und Politikern. Gerät die Wissenschaft insgesamt in Ihrer Wahrnehmung heute dadurch in eine Krisensituation?

*** GÖPEL ***

Ja, darüber habe ich mir natürlich viele Gedanken gemacht. Eigentlich bin ich davon überzeugt, dass gerade Deutschland ein Modell gewesen ist, das viel Zustimmung gefunden hat. Ich finde die Arbeit der Leute von *More in Common* großartig, die in ihrer Studie *Hidden Tribes* versucht haben, die Menschen in den USA entlang ihrer Wertesysteme und der grundlegenden Werthaltung zwischen konservativ und liberal in Cluster zu ordnen. Was sie festgestellt haben ist, dass in den USA diese polarisierten sehr lauten Stimmen auf beiden Seiten die öffentliche Wahrnehmung dominieren, durch Medienfaktoren, Newswerte, Attacken, Clickratings etc. Da spielt diese ganze Aufmerksamkeitsökonomie rein, die mit den Geschäftsmodellen der Sozialen Medien zu tun haben. Dadurch wird dieses gefühlte »Wir sind alle uneins, wir sind alle so unvereinbar, wir sind alle so wütend aufeinander« potenziert in unserer Wahrnehmung. Wir sollten uns davon nicht irre machen lassen. Es zeigte sich in den USA, dass es einen 60-Prozent-Anteil von unterschiedlichen Gruppen in dieser Gesellschaft gibt, die aber alle sagen: »Wir möchten ein paar Probleme lösen und sind zu Kompromissen bereit.« Für mich war das ermutigend. *More in Common* hat vor Kurzem auch eine Studie in Deutschland über die gesellschaftlichen Gruppen herausgegeben: *Die andere Teilung*. Auch hier gibt es die viel Beachteten und die wenig Beachteten.

Spannend war aber auch die Umfrage dazu, wie Corona die Menschen beeinflusst. Ich fand eindrucksvoll, dass die Zustimmung zu der Ansicht, dass unsere Demokratie funktioniert, um 14 Prozent gestiegen war. 68 Prozent sind zufrieden damit, wie diese Regierung die Krise gemeistert hat – im Vergleich zu anderen Ländern ist das sehr hoch. Und trotz zunehmender Kritik, findet doch die Zustimmung zu den Corona-Maßnahmen durchgehend eine deutliche Mehrheit. Das sind erst mal Bestätigungen dafür, dass wir eine relativ stabile Demokratie haben.

Jetzt geht es überhaupt nicht darum zu sagen, es ist in Ordnung, dass einige Sektoren in ein Loch gefallen sind, Kreative, Kulturschaffende, Gastronomie und Hotelgewerbe. Das will ich nicht schönreden. Aber was ich wichtig finde ist zu betonen, dass die Bereitschaft, sich miteinander zu verständigen und Kompromisse zu suchen, viel höher ist, als wir uns das in dieser medial durchgedrehten Gesellschaft selber zutrauen. Deshalb müssen wir auch hier nach Projekten und Räumen suchen, wo wir gemeinsam diskutieren, was richtig scheint, wo Ängste liegen, und vor allem müssen wir auch gemeinsam handeln. Es war toll zu sehen, wie viel Solidarität es in dem ersten Corona-Lockdown gab und auch zum Teil weiter gibt. Dieses Potenzial des gemeinsamen Handelns müssen wir noch mal viel stärker nach vorne bringen. Wir dürfen uns nicht irre schreien lassen, mit dem, was medial hochgezogen wird. Natürlich sind

Transformationszeiten, wie wir sie heute erleben, eine Zumutung. Die Gesellschaft ist maximal gestresst. Und ich finde auch, das kann man einfach mal diagnostisch so hinstellen und offen sagen: Es ist eine Zeit, wo wir wissen, dass viele Selbstverständlichkeiten sich auflösen. Die multilaterale Ordnung wackelt, wir haben frühere Jobmaschinengaranten, wo das Geschäftsmodell ins Schwanken gerät, wir müssen ganze Sektoren ummodellieren, damit es langfristig funktioniert. Das ist eine sehr stressige Situation. Deshalb ist die Frage danach, wer eigentlich das »Wir« darstellt, so wichtig. Viele kleine Wirs in scharfer Abgrenzung zu anderen verstärken den Stress. Es braucht eine gesellschaftliche Größe der Akzeptanz und des Zusammenwirkens. Das ist eine große Herausforderung und eine balancierende Suchbewegung nach der überreizten Individualisierung. Insbesondere in einer Parteienlandschaft, wo jede einzelne Partei ihre Identität darüber gewinnt, erst mal zu sagen, warum sie nicht so schlimm ist, wie die anderen. Da braucht es einen kulturellen Schritt Richtung Gemeinwohlorientierung.

*** Behrens ***

Also aufeinander zugehen in den wesentlichen Punkten.

*** GÖPEL ***

Ja. Klaus Töpfer hat das ein »Gemeinschaftswerk« genannt in der Energiekommission. Wenn wir nicht die Ressourcen bündeln und überlegen, wie wir die Energieversorgung in diesem Land auf das nächste Niveau heben, wenn wir diese Modernisierung nicht als Gemeinschaftswerk hinbekommen, dann schaffen wir das nicht.

» Wir sollten uns in dieser Gesellschaft fragen, wie es sein kann, dass Menschen keinen Spielraum mehr haben, 10, 15 oder 20 Euro mehr pro Monat für Energie aufzubringen.

Wie schaffen wir es, wieder ein Gesundheitssystem zu bekommen, wo nicht eine zunehmende Zweiklassengesellschaft herrscht? Dass diejenigen, die gerade Systemrelevanz bewiesen haben, nach einem Bonus nicht wieder mit den gleichen Gehältern und Personalplänen weiterschuften müssen. Und die Debatten vor Corona dürfen nicht wegfallen. In der Transformationswissenschaft nennen wir das den »neuen sozialen Vertrag« oder »Gesellschaftsvertrag«. Das klingt heroisch. Aber es geht darum, dass wir uns die Frage stellen, wer wir sein wollen als Land. Und wie kommen wir mit den Ressourcen aus, die uns fairerweise auf diesem Planeten zustehen. Alle Studien sagen, dass das technisch möglich ist, finanziell möglich ist. Es hängt wirklich am Wollen.

Wie finden wir das nötige Vertrauen, dass wir gemeinsam viel bewegen können, und die nötigen Lösungen, sodass Platz für ein gutes Leben für alle ist? Das ist die entscheidende Innovationsfrage.

*** Behrens ***

Aber was tut man, wenn man merkt, dass sich doch nichts tut, bei allen Anstrengungen?

*** GÖPEL ***

Es tut sich ja ständig was.

*** Behrens ***

Der Zeitdruck ist hoch.

*** GÖPEL ***

Auf jeden Fall.

*** Behrens ***

Am Ende Ihres Buches stellen Sie die Frage, was macht man eigentlich als einzelner und einzelne politisch tun kann beim Thema Klimawandel. Sie geben dort drei Ratschläge. Der erste lautet: »Bleiben Sie freundlich und geduldig, aber bleiben Sie dran.« Also nochmal: Was macht man, wenn nichts passiert? Frust gehört doch sicher zum täglich Brot der Klimapolitik, oder nicht?

*** GÖPEL ***

Ja klar.

*** Behrens ***

Der zweite heißt: »Suchen sie Mitstreiter«. Und der dritte lautet: »Lassen sie sich nicht vom fiesen Montag runterziehen.« Der fiese Montag ist sozusagen die Krone des Frustes, nämlich zu sehen, wie ich voller Elan irgendwo reinkomme und der Boden überall klebt. Ich komme keinen Schritt weiter. Die Leute sind unwillig, wollen mir nicht zuhören, interessieren sich für gar nichts. Wie gehen Sie als Klimaforscherin mit dem fiesen Montag um?

*** GÖPEL ***

Es kommt immer darauf an, wie gut ich geschlafen habe. Nein, manchmal gibt es natürlich Situationen, wo es besser ist, sich zurückzuziehen. Aber selbst dann kann man immer wieder ganz unterschiedliche Einfallstore finden, Gemeinsamkeiten, über die man ins Gespräch kommt. Auf mein Buch habe ich unheimlich viele Rückmeldungen bekommen, mehr als je zuvor. Dieses Bewusstsein, jetzt endlich etwas tun zu müssen und zu wollen, ist ein riesiges Potenzial. Wir sollten versuchen, wie in der Evolutionsforschung oder Systemforschung, immer das Nächstmögliche zum jeweiligen Zeitpunkt anzuvisieren. Auch da gibt es irgendwann Kipppunkte, manchmal durch Krisen induziert wie jetzt. Ein Beispiel: Hätten wir nicht jetzt die Chance, mit öffentlichen Geldern Transformationsprozesse in vielen Geschäftsmodellen finanziell zu fördern? Wäre doch super, wenn wir das im nächsten Konjunkturprogramm einfach mal machen würden: Nachhaltigkeitstrainings für Menschen in Kurzarbeit oder ein Umbau der Wertschöpfungskette auf erneuerbare Energien, selbst wenn der Absatz noch nicht sofort steigt. Inzwischen glaube ich wirklich, dass solche Co-Benefits sichtbar sind. Wäre es nicht wunderbar, wenn unsere Städte weniger laut wären? Wenn die Autos nicht alles zuparken würden? Wenn weniger Leute an Lungenkrankheiten oder sonstigen

Vergiftungen sterben. Wenn es weniger Covid-Risikopatienten aufgrund von Abgasen und Luftverschmutzung gäbe. Warum ist es nicht schön, wenn wir wieder eine andere Form von Landwirtschaft haben, wo Räume lebendiger werden, weil mehr Zuzug da ist und Landschaften gestaltet werden. Warum streben wir keine Entschleunigung an und teilen nicht unsere Jobs, sodass alle Vollzeitjobs 30 Stunden umfassen. Dann hätten wieder mehr Menschen Zugang zu Arbeit und gleichzeitig die Möglichkeit, sich ehrenamtlich oder politisch zu engagieren oder vielleicht noch was zu reparieren in Repair-Cafés, die es jetzt überall gibt. Also, ich würde nicht unterschätzen, was momentan an Aufmerksamkeit für solche Veränderungen vorhanden ist – dass wir sie erreichen können, dass sie wünschenswert sind. Und wir sollten uns daher auch nicht ständig diese blöde Verzichtsrhetorik einreden lassen.

*** Behrens ***

Wir sind leider am Ende unserer Gesprächszeit. Frau Göpel, zum Abschluss die Frage: Was macht Ihnen Mut?

*** GÖPEL ***

Zum Beispiel, wenn meine Kinder sich für Leben, Tiere, Pflanzen und Menschen begeistern und eine klare Überzeugung davon gewinnen, dass es nicht richtig ist, wenn diese Dinge Schaden nehmen oder unnötig zerstört werden. Wenn das in Kindern angelegt ist, ist das doch in uns auch noch da. Dieses Das-Leben-wiederlebendiger-werden-lassen, das Hans Peter Dürr so schön formuliert als Quantenphysiker. Dieser Paradigmenwechsel, dass wir nicht mehr Einzelteile, sondern Netzwerke des Lebens sehen, in der Ökologie und Neurologie, in der Quantenphysik, aber auch in der Digitalisierung, das inspiriert mich. Also *high wellbeing at lowest ecological impact* – das ist vielleicht die Fortschrittsformel der Zukunft. Und jede Innovation, jede Technologie, die entwickelt wird, sollte uns näher an dieses Ziel bringen. Hermann Scheer hat mal gesagt, es ist eine Beleidigung unserer Ingenieure zu sagen, wir können kein erneuerbares Energiesystem schaffen. Es gibt so viele Initiativen und Erfindungen: ob aus der Automobilbranche oder der Gülleverwertungsbranche, die es verdienen, gesehen und verbreitet zu werden. Mir macht Mut, dass es so vieles gibt, mit dem wir die Zukunft gestalten könnten. Wir müssen es nur wollen, suchen, sehen und unterstützen.

*** Behrens ***

Ein wunderbares Schlusswort, dem füge ich nichts mehr hinzu. Frau Göpel – besten Dank.

*

Die Gesprächspartner

Maja Göpel arbeitet als Politökonomin und Transformationsforscherin an der Schnittstelle von Wissenschaft, Politik und Gesellschaft. Sie ist wissenschaftliche Direktorin der 2020 neu gegründeten Denkfabrik The New Institute. Zuletzt ist von ihr der Bestseller *Unsere Welt neu denken: Eine Einladung* erschienen.

Alexander Behrens ist Historiker und Leiter des Verlags J.H.W. Dietz Nachf.

Die Herausgeber

Thomas Hartmann arbeitet im Referat Lateinamerika und Karibik der Friedrich-Ebert-Stiftung und ist verantwortlich für die Gesprächsreihe »rausgeblickt«. Er ist unter anderem Herausgeber von *Utopien. Für ein besseres Morgen* und *Zukunft der Demokratie.*

Jochen Dahm leitet die Akademie für Soziale Demokratie der Friedrich-Ebert-Stiftung, mit der die Stiftung einen Ort zur Reflexion grundsätzlicher Fragen aus Sicht der Sozialen Demokratie geschaffen hat. Er ist unter anderem Herausgeber von *Utopien. Für ein besseres Morgen* und *Zukunft der Demokratie.*

Christian Krell ist Professor für Staatsrecht und Politik an der Hochschule des Bundes für öffentliche Verwaltung und Honorarprofessor an der Universität Bonn. Er ist Mitglied der Grundwertekommission der SPD und leitete zuvor das Büro der Friedrich-Ebert-Stiftung für die nordischen Länder mit Sitz in Stockholm.

Weitere Titel dieser Reihe *

* **rausgeblickt: Thomas Piketty**
  Pandemie und Ungleichheit
  Ein Gespräch über die Ideologie des Kapitals

* **rausgeblickt: Gesine Schwan**
  Pandemie und Solidarität
  Ein Gespräch über gesellschaftlichen
  Zusammenhalt

* **rausgeblickt: Teresa Bücker**
  Pandemie und Geschlechter
  Ein Gespräch über eine feministische Zukunft

* **rausgeblickt: Lisa Herzog**
  Pandemie und Arbeit
  Ein Gespräch über eine demokratische
  Wirtschaft

* **rausgeblickt: Andreas Reckwitz**
  Pandemie und Staat
  Ein Gespräch über die Neuerfindung der Gesellschaft

* **rausgeblickt: Joseph Stiglitz**
  Pandemie und Markt
  Ein Gespräch über eine gerechte Weltwirtschaft

* **rausgeblickt: Heinz Bude**
  Pandemie und Gesellschaft
  Ein Gespräch über eine Zeitenwende

* Weitere Informationen unter
www.dietz-verlag.de